www.ingramcontent.com/pod-product-compliance
Lightning Source LLC
Chambersburg PA
CBHW060452160726
47992CB00003B/1193

عيون المها

محمد بن أحمد المختار


# عيــون المهــا

شعر


إصدارات دائرة الثقافة، حكومة الشارقة 2023 م

الناشر: دائرة الثقافة ـ حكومة الشارقة ـ الإمارات العربية المتحدة

الهاتف: 5123333 6 971+

البرَّاق: 5123303 6 971+

الموقع الإليكتروني: www.sdc.gov.ae

البريد الإليكتروني: sdc@sdc.gov.ae

© حقوق النشر والطبع محفوظة
الطبعة الأولى 2023

811.9661
ع . م م
المختار، محمد بن أحمد
عيون المها / محمد بن أحمد المختار.ـ الشارقة، الإمارات العربية المتحدة : دائرة الثقافة، 2023.
75 ص. ؛ 21X14 سم.
1. الشعر العربي ـ موريتانيا ـ دواوين وقصائد
أ. العنوان

ISBN: 978-9948-803-87-4

# مدخل

الشِّـعْرُ مِرْآةُ عُمْري، كُلُّ خَاطِرَةٍ
نَمَتْ بِبُسْـتانِ رُوحِي، أَشْرَقَتْ فِيهِ

لَا أُبْصِـرُ الكَـوْنَ إِلَّا مِـنْ نَوافِذِهِ
وَلَسْـتُ أَسْـمَعُ مَا لَـمْ أَدْعَ مِنْ فِيهِ

أُصَاحِـبُ المُتَنَبِّـي فِي مَسِيرَتِهِ
إِلَى السَّـمَاءِ، فَيَسْـمُو بِي تَسَـامِيهِ

وَسَـيْفُ عَنْتَـرَةَ العَبْسِـيِّ أَذْكُـرُهُ
كَأَنَّنِـي مِـنْ دَمِ الطَّاغِيـنَ أَسْـقِيهِ

وَحِكْمَةُ ابْنِ أَبِي سُلْمَى أُخوضُ بهَا

بَحْـرَ الحَيَـاةِ، لِأَنْأَى عَــنْ مَهَاوِيهِ

وَعَــنْ نِـزَارٍ إذَا مَــا هَبَّـتِ امْرَأَةٌ

تِلْقَـاءَ قَلْبِــي، دُعاءَ الرِّيـح أَرْوِيهِ

# أثر العيون

لِعَيْنَيْكِ مَا لاقَى الْفُـؤَادُ وَمَا يَلْقَى

وَلِلشِّـعْرِ مِنْ آثـارِ عَيْنَيْكِ ما يَبْقَى

تَسَـرَّبَتَا في الرُّوح كَرْماً؛ فَلَمْ أزَلْ

إِلَى الْيَوْمِ مِنْ أَنْهارِ خَمرِهِمَا أُسْقَى

هُمَا شَمْعَتَا شِعْري إلَى سِدْرةِ الرُّؤَى

فَكَمْ بتُّ فِـي مِعْراج طَيْفِهِمَا أرْقَى

تَفُوحُ حُرُوفِي فِي ادِّكَارِهِما شَـذَى

وَيَسْـمُو خَيَالِي فِي سَمَائِهِما بَرْقَا

فَكَكْتُ رُمُـوزَ الكَوْنِ حِيـنَ تَجَلَّتَا

أَمَامِـي، وَكَانَ الكَـوْنُ قَبْلَهُمَا رَتْقَا

هُنالِكَ أَكْمامُ المَعانِي تَفَتَّحَتْ
وَفُتِّقَتِ الأَسْماءُ فِي لُغَتِي فَتْقَا

عَرَفْتُ بِأَنَّ الأَرْضَ كَانتْ تَدُورُ لِي!
وَأَنَّ السَّما فَوْقِي لِتَمْنَحَنِي أُفْقَا!

وَأَنَّ أُصُولَ الْفَنِّ رَغْمَ اخْتِلافِها
جِنانٌ بِقَدْرِ الأَكْلِ مِنْ خُلْدِها نَشْقَى

لِعَيْنَيْكِ «قالَ اللهُ كُونا فَكانَتَا
فَعُولانِ» ما أَعْيَا مَنِ انْفَعَلُوا نُطْقَا

تَهُزَّانِ جِذْعَ الرُّوحِ فِي نَظْرَتَيْهِمَا
فَيُضْحِي الشُّجاعُ الجَلْدُ بَيْنَهُمَا مُلْقَى

فَسُـبْحَانَ مَنْ قَوَّى العُيُونَ ضَعِيفَةً

وَسُبْحَانَ مَنْ سَـوَّى مَفَاتِنَهَا خَلْقَا!

لِعَيْنَيْـكِ بَحْرٌ حِينَ حَاوَلْتُ خَوْضَهُ

تَرَاءَى لِيَ الأَجدادُ فِي لُجِّهِ غَرْقَى

وَكَانَ جَرِيرٌ فِي الطَّرِيقِ يَصِيحُ بِي:

إِلَيْكَ؛ فَهَـذا البَحْرُ أَعْظِمْ بِهِ عُمْقَا!

وَلَمْ أَحْتَفِلْ بِالصَّوْتِ، كُنْتُ مُصَمِّماً

عَلَى خَوْضِهِ حَتَّى وَإِنْ لَمْ أَجِدْ فِرْقَا

فَمـا راعَـنِي إلَّا كُـثَيِّرُ عَـزَّةٍ

يُهَرْوِلُ وَالأَمْواجَ يَسْـبِقُها سَـبْقَا!

فَنَادَيْتُـهُ: كَيْفَ النَّجَـاءُ؟ فَقَالَ لِي:
عَشِقْتُ عَلَى حَرْفٍ فَمَا كَلَفِي صِدْقَا

وَقَلَّبْتُ قَيْسـاً كَـيْ أَقِيـسَ مُصَابَهُ
فَإِذْ هُوَ لَمْ يَسْـبَحْ بِبَحْرِ الهَوَى رِفْقَا

وَإِذْ هُـوَ لَـمْ يَحْمِـلْ جَهَـازَ تَنَفُّسٍ
يَقِيهِ، وَفَـاضَ الْمَاءُ، فَاغْتالَهُ غَرْقَا

وَكَانَ ابْنُ زَيْدُونٍ عَلَى المَوْجِ وَاقِفاً
وَلِكِنَّنِي أَبْصَـرْتُ فِي ظَهْرِهِ خَرْقَا

وَلاَحَ نِـزَارٌ فِـي السَّفِينَةِ جَالِسـاً
يُراقِبُ مَا فِي الْبَحْرِ مِنْ فِتْنَةٍ زَرْقَا

وَيَرْسُمُ فِي لَوْحٍ بِخَطٍّ مُلَوَّنٍ

حَدائِقَ رُمَّانٍ تَرَى بَيْنَهَا وَدْقَا

وَيَحْسِبُ أَنَّ الْبَحْرَ ظِلٌّ لِوَدْقِه

فَلَيْسَ يَرَى فِي اللَّوْحِ بَيْنَهُما فَرْقَا

وَلَمْ يُنْهِ دِرْوِيشٌ صِنَاعَةَ فُلْكِهِ

فَقَدْ حَالَ مَوْجُ الغَزْوِ بَيْنَهُمَا.. سُحْقَا

وَهَا أَنَا خَلْفَ المُغْرَقِينَ.. أُحيطَ بِي

أَدُوقُ كُنُوزاً تَوَّجُونِي بِهَا حَرْقَا

وَيُحْمَى عَلَيْها فِي جَحِيمٍ قَصَائِدِي

فَيُكْوَى بِها مَنْ دَسَّ فِي قَلْبِهِ شَوْقَا

وَمَـــا الشِّـــعْرُ إِلَّا أَنْ تَفُـــوزَ بِخَطْفَةٍ
وَتَسْرِقَ نَارَ الْحَرْفِ إِنْ نَكَصَ الْأَتْقَى

فَتِلْكَ عُيُونُ الْغِيدِ ضَاءَتْ سَمَاؤُهَا
وَتِلْكَ سَمَاءُ الشِّعْرِ لِي سَقْفُهَا شُقَّا

# ارتطام في ملتقى القلب

لَـمْ أَضرِبِ البَحْرَ، كانَ البَحْرُ مُنْفَلِقَا

وَلَمْ أُساهِمْ عَلــى الفُلْكِ الَّــذِي انْطَلَقَا

وَجَدْتُنِي فِي عُبــابِ العِشْــقِ مُبْتَعِداً

فِـي اللُّجِّ لَسْتُ أَرَى مَنْجًى وَلَا أُفُقَا

وَجَـدْتُ قَلْبِـي رَهِيناً لِلَّتِي سَـقَطَتْ

فِي بَحْرِ رُوحِي، وَلكِنْ كُنْتُ مَنْ غَرِقَا

حِيــنَ اسْـتَبَقْنا لِفَتْـحِ البــابِ قُـدَّ دَمِي

قَبْـلَ الخُـرُوجِ، وَظَـلَّ البــابُ مُنْغَلِقَا

أَلقَيْتُ فِي الجُبِّ نَفْسِي عِنْدما ارْتَطَمَتْ

عَيْنِـي بِعَيْنَيْـكِ وَسْـطَ القَلْـبِ فَانْزَلَقَا

أَتَيْتُ أَحْمِـلُ حُلْمــاً بَاسِـقاً خَضِــلاً

فَمــا تَرَكْـتِ عَلــى أَغْصانِــهِ وَرَقَــا

وَجَنَّــةُ الوَصْلِ بشْـري حِينَ ماسَ بِها

زَهْـواً أَصابَتْـهُ نارُ الصَّـرْمِ فَاحْتَرَقَا

السِّـجْنُ مِنْ سِجْنِ أَشْـوَاقِي أَحَبُّ إِلَى

نَفْسِـي، وَإِنْ كُنْـتُ أَبْـدُو فِيـهِ مُنْعَتِقَا

فَكَـمْ حَلَمْـتُ بِأَنَّ الشَّـمْسَ تَسْـجُدُ لِي

وَأَنَّنِـي عُـدْتُ فَـوْقَ العَرْشِ مُرْتَفِقَا

وَمَـا تَعَلَّمْـتُ تَأْوِيـلَ الْحَدِيـثِ، فَـذَا
تَأْوِيلُ رُؤْيَـايَ لَا أُلْفِـي لَـهُ طُرُقَـا

تَخْضَـرُّ فِي حَقْـلِ حُلْمِي أَلْفُ سُـنْبُلَةٍ
وَذَا صَعِيـدُ حَياتِـي لَـمْ يَـزَلْ زَلَقَـا

فَهَلْ بِـوادِ الهَوَى زَرْعٌ، وَهَلْ نَضَبَتْ
نَوافِـرُ العِشْـقِ أَمْ مـا زَالَ مُنْدَفِقَـا

نَـامَ القَمِيـصُ بِعُمْري، هَلْ سَـتُوقِظُهُ
رِيـحُ البَشِـيرِ، وَيَهْمِـي مَاؤُهُ غَدَقَـا

# موج الذكريات

عَلَى أَيِّ جَسْـرٍ مِنْ أَسَايَ أُفَـــارِقُ؟
وَأَيَّ جَحِيـمٍ فِـي الْفِراقِ أُرافِـقُ؟

تُطَوِّقُنِـي الْأَطْيَـافُ نَوْمـاً وَيَقْظَـةً
فَطارِقُها إِنْ آبَ يَتْلُـوهُ طَـارِقُ

وَأَخْـرُجُ مِـنْ ذِكْـرَاكِ أَشْـتَدُّ هَارِبـاً
كَأَنِّي ـ وَخَلْفِي النّاسُ يَعْدُونَ ـ سارِقُ

تُرافِقُنِـي كَالظِّـلِّ فِـي كُلِّ مَوْطِـئٍ
فَـلَا أَنـا مَسْـبُوقٌ، وَلا أَنَـا سَـابِقُ

فَـلَا يَـوْمَ لِـي إِلَّا لِأَمْسِـيَ جُلُّـهُ
كَأَنِّـيَ فِـي أَنْيـابِ أَمْسِـيَ عَالِقُ

هُنالِـكَ مَـوْجُ الذِّكْرَيـاتِ يُحِيـطُ بِي
فَقَلْبِـيَ فِـي لُـجِّ التَّفاصِيـلِ غَـارِقُ

هُنــاكَ نَخِيـلٌ مِـنْ صِبَـايَ تَرَكْتُـهُ
عَلــى شَــاطِئ الأَيَّــامِ.. رَيَّـاهُ رائِـقُ

وَمــا أُنْسَـمِ الأَشْيـاءِ يَـوْمَ شِـرَاعُنا
تُبايِعُـهُ الأَمْـوَاجُ، وَالْوَصْـلُ عابِـقُ

وَيَـوْمَ غُـرَابُ الْبَيْـنِ طَـارَ بِمُهْجَتي
وَهَبَّـتْ عَلى رَوْضِ الحَياةِ الصَّواعِـقُ

فَلَـمْ يَبْـقَ مِمَّـا كانَ إلاَّ رَمـادُهُ
وَحُلْـمٌ – بِقِيعَـانِ الأَمَانِـيِّ – دَافِـقُ

تَعَلَّمْـتُ مِـنْ عَيْنَيْـكِ فَتْـحَ جَوانِحي
وَعَـدَّ نُجُـومِ الْقَلْبِ، وَالْحُزْنُ غاسِـقُ

وَشِـعْـراً كَــأَنَّ اللهَ سَـلَّـطَ نـارَهُ
عَلــى أُمَـمِ الأَحْشَـاءِ، فَهْـيَ حَرائِقُ

# المرآة المحدّبة

مَـا كَانَ لِـي أَوْ لَهَا فِـي وَصْلِنَا هَدَفُ
يَنْـدَى الْوُجُودُ بِما جَفَّـتْ بِهِ الصُّحُفُ

فِيَ مَدْخَلِ الْوَصْلِ كَانَ الصَّرْمُ مُخْتَبِئاً
تَحْـتَ الْأَمَانِي، وَكَانَ الْحُلْمُ يَنْكَسِـفُ

سَـارَ الْقِطارُ بِنـا سَيْرَ الْقَصِيدِ عَلى
جَسْـرِ الْكَلامِ، فَكُلُّ الـدَّرْبِ مُنْحَرَفُ

نَبَـتَّ فِي ظِـلِّ رُوحِي نَخْلَـةً طَمَحَتْ
نَحْـوَ السَّـماءِ، وَلكِـنْ تَحْتَهَا جُرُفُ

كَانَ الْغُـرابُ حَكِيماً؛ حِيـنَ عَلَّمَنِي
طَرِيقَـةَ الدَّفْـنِ، لا حُـزْنٌ وَلا أَسَفُ

أَتَيْـتُ مِنْ شَـغَفِي الْأَقْصـى تُرَافِقُني
خَريطَةٌ راسِـمَاهَا: التَّوْقُ والسَّـرَفُ

تَرَكْـتُ أَمْسِـي وَرَائِـي كُلَّـهُ، وَدَمِي
تَرَكْـتُـهُ فِـي مَـدَى عَيْنَيْـكِ يَعْتَكِـفُ

وَأَنْـتِ فِـيَ عَالَـم الْأَوْهـام مُوصَـدَةً
أَبْـوابُ قَلْبِـكِ؛ لَـمْ يَمْرُرْ بِهَا شَـغَفُ

تُعَدِّدِيـنَ شَـظايا مَـنْ تَرَكْتِهِـمُ
مُعَلَّقِيـنَ بِأُفْـقِ الْمَـاءِ، مَـا ارْتَشَفُوا

لا تُخْبِرِينِـي بِمَـنْ أَغْرَقْـتِ فاتِنَتِي
فَبَحْـرُ عَيْنَيْـكِ بِالْإِجْـرام يَعْتَـرِفُ

دَعِـي ضَحاياكِ في عَيْنَيْـكِ، لَيْسَ لَنا
تُــرابُ وَقْـتٍ نُــواري فِيهِ مَـنْ تَلِفُوا

فَأَرْضُ «نَرْسِـيسَ» مَا في لَيْلِها قَمَرٌ
للتَّائِهِيـنَ، وَلا فِـي بَحْرِهـا صَدَفُ

دُوري أمامَـكِ مِـرْآةٌ مُحَدَّبَـةٌ
وَالنَّـاسُ خَلْفَ ظِلَالِ الْكَهْـفِ تَخْتَلِفُ

لا يَخْدَعَنَّكِ إِغْرامِـي وَعِطْـرُ فَمِي
فَلَسْـتُ إِنْ جَمَـحَ التَّيَـارُ أَنْجَرِفُ

لِـيَ – مِثْلَ مَا لَكِ لَـوْ تَدْرِينَ – ذاكِرَةٌ
وَلِـي بَقِيَّةُ إِحْسَـاسٍ، وَلِـيَ أَنَـفُ

# في مهب الغرام

دَثِّرِينِي وَلَـوْ بِثَـوْبِ الكَـلَامِ
فَأَنَـا الآنَ فِي مَـهَبِّ الْغَـرَامِ

دَثِّرِينِي وَلَـوْ بِبُـرْدَةِ وَعْـدٍ
دَثِّرِينِـي بِبَـسْمَةٍ أَوْ سَـلَامِ

دَثِّرِينِـي بِنَظْرَةٍ مِـنْ حَنانٍ
فَأَنَـا فِي العُيُـونِ بَـادِي الهُيَـامِ

كُلَّمَا سَلَّ جَفْنُ عَيْنَيْكِ سَيْفاً
سَـلَّمَ القَلْـبُ نَفْسَـهُ لِلْحِمَـامِ

كُلَّمَا جُلْتُ فِي حَدِيقَةِ طَـرْفٍ
فَـرَّتِ الأَرْضُ وَالمَدَى مِنْ أَمَامِي

دَثِّرِينِي بِمَـاءِ كَفَّيْكِ حَتَّى
يَنْبُتَ العُشْـبُ فِي دَمِـي وَعِظَامِي

دَثِّرِيـنِي بِـلَيْـل فَـرْعِـكِ حَتَّى
أُخْـرِجَ الضَّوْءَ مِـنْ جُيُوب الظَّلَام

أَيْقِظِي سِدْرَ بَهْجَتِي، فَهْوَ غَافٍ
لَـمْ يَـزُرْ غُصْنَـهُ حَمَـامُ ابْتِسـامِ

وَاسْقِنَا الحُلْمَ فَالقَضَاءُ رَمَـاهُ
نَحْوَنَا كَـيْ نُريقَـهُ فِـي المُـدَامِ

دَثِّرِي الوَقْتَ بَيْنَنَا فَهْوَ عَارٍ
نَاصِـعٌ لَـوْنُ رُوحِـهِ كَالغَمـامِ

خَـلَعَ الأَمْـسَ خَلْفَهُ، وَتَجَلَّى
ثَالِـثَ اثْنَيْـنِ عِنْـدَ هَـذَا المَقامِ

دَثِّرِيـنِي بِمَـا تَشائِينَ إلا
لَوْعَـةَ الهَجْـرِ، أَوْ حُسـامَ الخِتامِ

# أغبى مغامرة

لاَ تَبْسِمِي؛ فَبَهـاءُ الثَّغْـرِ قَـدْ ذَهَبَا
لَا حُـوَّةً بَقِيَـتْ تُغْـري، وَلاَ شَـنَبا

ما فِـي اللِّثَاتِ سَـنا بَـرْقٍ أَهِيـمُ بِهِ
وَلَا عُقَـارَ بِهـا أُلْفِـي وَلاَ ضَرَبَـا

وَبَحْـرُ عَيْنَيْكِ خاوٍ حِيـنَ غُصْتُ بِه
لَمْ أُلْـفِ جَوْهَـرَةَ تَزْهُـو، وَلاَ ذَهَبَا

مَـا بَـالُ فَرْعـكِ قَدْ جَفَّـتْ سَنَابِلُهُ
وَالْوَرْدُ سَـافَرَ عَنْ خَدَّيْـكِ فَاغْتَرَبَا؟

وَذِي نُهُـودُكِ مَـا يُحْدِثْـنَ جَلْجَلَـةً
إِنْ هُـنَّ قُمْنَ، وَلاَ رِكْزاً وَلاَ صَخَبَا!

هَـذَا جَمَالُـكِ أَشْلاءَ مُمَزَّقَـةً
كَأْسَاً دِهَاقاً، وَلِكِنْ خَمْرُهَا انْسَكَبَا

هَـذَا جَمَالُـكِ مَحْرُوقـاً، وَقَفْتُ بِه
فَمَا تَبَيَّـنَ لِـي مِنْ فَـرْطِ مَا الْتَهَبَا

مَدِينَةً كُنْتِ يَسْبِي الطَّرْفَ مَنْظَرُهَا
سُوراً يُنَاطِـحُ فِي عَلْيَائِه الشُّهُبَا

وَجَنـةً ـ تَحْتَهَا الأَنْهَارُ ـ باسِقَةً
وَحَائِطـاً بِـدَمِ الْعُشَّـاقِ مُخْتَضِبَا

وَالآنَ أَنْتِ ثِمَاراً صِـرْتِ يَانِعَـةً
جَنَـاكِ دَانٍ لِمَـنْ يَبْغِـي بِـهِ أَرَبَا

بِـأَيِّ ذَنْـبٍ قَتَلْـتِ الْكِبْـرَ.. قَاتِلَتِي؟
وَفِـيـمَ أَمْسُـكِ أَمْسَـى كُلُّـهُ حَطَبَا؟

غَـادَرْتِ قَصْرَكِ فِـي أَغْبَى مُغَامَرَةٍ
فَتَاهَ حُسْـنُكِ فِـي مَسْـرَاكِ وَاحْتَجَبَا

فَابْغِـي بِـلاداً سِـوَى قَلْبِي فَقَـدْ أَفَلَتْ
شُمُوسُ عِشْقِيَ.. نُورُ الْعِشْقِ قَدْ غَرَبَا

لا يَسْتَسِـيغُ شَـرَابَ الْخَمْرِ عَاشِـقُه
إِنْ كَانَ فِي قَدَحِ الْغِسْـلِينِ قَدْ رَسَبَا

# شمس اللقاء

كَسَرَ اللِّقاءُ عَلَى الرَّصِيفِ تَوَقُّعِي
وَأثَارَ مَا طَوَتِ السِّنِينُ بِأَضْلُعِي

لَـمْ أَدْرِ أَيْـنَ أَسِـيرُ حِيـنَ فَجَأْتِنِي
وَنَسِيتُ حَتَّى مَنْ أَكُونُ وَمَنْ مَعِي!

مَلأَ الضِّيَــاءُ بِكَ الرَّصِيفَ فَلَمْ يَعُدْ
فِيـهِ لِغَيْرِ سَـنَاكِ مَوْضِـعُ إِصْبَعِ

وَتَلَفَّـتَ الشَّـوْقُ القَدِيـمُ تَشُدُّهُ
شَـمْسٌ تُشِـعُّ مِنَ الجِهَاتِ الأَرْبَعِ

مَـا كُنْتُ أَحْسِـبُ أَنَّ شَـمْسَ لِقائِنَا
سَتَلُمُّ شَمْلَ ضِيائِنَا المُتَصَدِّعِ

مَـا كُنْتُ أَرْقُبُ خَلْفَ لَيْـلِ وَدَاعِنَا

مِيقَـاتَ فَجْـرٍ بِاللِّقَـاءِ مُرَصَّـعِ

أَحْيَا سُطُوعُكِ مَـا تَيَبَّسَ فِي دَمِي

مِـنْ وَرْدِ أَزْهَارِ الهَوَى المُتَضَوِّعِ

سَـنَهُزُّ جِذْعِ الأَمْسِ حَتَّـى نَجْتَنِي

ثَمَـرَ الهَـوَى مِـنْ وِدِّنَـا المُتَقَطِّعِ

وَسَـنَزْرَعُ اليَقْطِينَ حَتَّـى تَزْدَهِي

أَوْرَاقُ حُلْـمٍ بِالعَرَاءِ مُضَيَّـعِ

سَنَرَى الرِّيَاحَ غَداً تَسِـيرُ بِأَمْرِنا

وَنُعِيدُ مَـاءَ حَياتِنَـا لِلْمَنْبَـعِ

# مَقطعْ لحْجارْ (1)

عَلَى «مَقْطَعِ الْأَحْجَارِ» أَبْهَى المَعَاهِدِ

زَهَا حَقْلُ أَيَّامِي الخَوَالِي الخَوَالِدِ

هُنَا قَدْ قَطَفْتُ السَّعْدَ مِنْ زَهَرِ الصِّبَا

وَقَسَّمْتُ قَلْبِي بَيْنَ حُورِ الخَرَائِدِ

هُنَا ذُقْتُ خَمْرَ الحَرْفِ أَوَّلَ مَرَّةٍ

وَأَلْبَسْتُ بِالْأَحْلَامِ أُولَى قَصَائِدِي

عَلَى «مَقْطَعِ الْأَحْجَارِ» عُمْرِي تَفَتَّقَتْ

أَكِمَّتُهُ بَيْنَ السِّنِينَ الفَرَائِدِ

---

1 – مقطع لحجار مدينة موريتانية تقع في وسط البلاد، وهي مقاطعة تابعة لولاية لبراكنة، أمـا «الجديـدة»، و«الجزيـرة»، و«المنحـر»، و«الدالقه»، و«الطليعـة» و«ببقج»، فهي أحياء بمدينة مقطع لحجار.

وأما التاشوط: فهي تاشـوط أولاد بوسـيف، وهي قرية لاصقة بمدينة مقطع لحجار من الجانب الشرقي، وعما قريب ستصبحان مدينة واحدة.

بِـلَادٌ بِهَـا نِيطَ الهَـوَى بِجَوَانِحِـي
وَأَسْرَى بِرُوحِي فِي سَـماءِ مَوَاجِدِي

تَسَـلَّقْتُ أَشْـجارَ الـرُّؤَى بِدُرُوبِهَا
وَأَسْـرَجْتُ فِيهَا القَلْبَ صَوْبَ الفَرَاقِدِ

أَحِـنُّ إِلَيْهَـا، لِـي لَـدَى كُلَّ بُقْعَـةٍ
بِهَا عَصْفُ شَوْقٍ بِي إِلَى الأَمْسِ مَائِدِ

فَلِـي ذِكْرَيَاتٌ فِي «الجَدِيـدَةِ» لَمْ يَزَلْ
يُجَـدِّدُ مِنْهَا القَلْبُ لِـي كُلَّ تَالِـد

وَلِي ذِكْرَيَاتٌ فِي «الجَزِيرَةِ» لَمْ تَزَلْ
تُقَرِّبُهَـا الأَطْيَـافُ رَغْـمَ التَّبَاعُـد

وَفِـي «الْمَنْحَرِ»: الأَيَّـامُ كَانَتْ مُنِيرَةً
تُشِـعُّ بِجِيـدِ الدَّهْـرِ مِثْـلَ القَلَائِـد

.

وَفِي «الدَّالِقَ» الأَشْواقُ كَانَتْ تَشُدُّني
بِأَشْـطانِ عُمْـرٍ فِـي الطُّفُولَـةِ مَارِدِ

وَمَـا زَالَ شَـوْقِي «للطَّليعَـةِ» طَالِعاً
يَسِـيرُ بِخَطْوٍ فِي ذُرَى الرُّوح صَاعِدِ

وَخَلَّفْـتُ قَلْبِـي فِـي «بُبَقْـجَ» مُقَطَّعاً
بِسَـيْفِ عُـيُونٍ قَـاتِـلَاتٍ صَـوَائِدِ

وَفِـي كَنَفِ «التَّاشُـوطِ» عُمْرٌ حَفَرْتُهُ
بِـذَاكِـرَةِ الأَيَّـامِ عَـذْبُ المَـوَارِدِ

مَعَاهِـدُ مَرَّ الدَّهْـرُ فِيهَا كَأَنَّـهُ
شَـرِيطٌ مِـنَ الأَحْـلَامِ فِي ذِهْنِ رَاقِدِ

فَمَـا العُمْـرُ فِي أَرْضٍ سِـوَاهَا بِرَائِقٍ
وَمَـا العَيْشُ فِي أَرْضٍ سِـوَاهَا بِرَاغِدِ

# وليد العيون

بِعَيْنَيْكِ نَهْرُ جَمَالٍ عَمِـــيـــقٌ

وَبَحْرٌ يَمُـــــورُ بِمَوْجِ البَهَـــــاءِ

وَرِيحٌ تَهُبُّ تُجَـــاهَ القُلُـــــوبِ

فَأَفْئِدَةُ العَـــــاشِقِينَ هَـــــوَاءُ

بِعَيْنَيْكِ غُولٌ، وَطِفْلٌ بَرِيءٌ

وَلَيْلٌ بَهِيمٌ وَصُبْحٌ أَضَاءْ

***

أَعَيْنَاكِ أُنْشِئَتا لِاخْتِصَارِ الوُجُودِ

وَمَحْوِ الحُدُودِ

وَزَرْعِ الوُرُودِ

بِأَرْضِ السَّمَاءْ

أُحَدِّقُ فِيكِ

كَأَنِّي غَرِيبٌ

بُعِثْتُ مِنَ الكَهْفِ هَذَا المَسَاءْ

***

كَأَنِّيَ مِنْ قَبْلُ لَمْ أَكُ شَيْئاً

وَلَمْ أَتَنَسَّمْ عَبِيراً

وَمَا ذُقْتُ شَهْداً

وَمَا صَحِبْتْنِي ـ وَلَوْ سَاعَةً ـ سَاعَةٌ فِي الهَنَاءْ

***

كَأَنِّي أَضُمُّ الْحَيَاةَ

بِصَدْرٍ جَدِيدٍ

وَأَشْرَبُ كَأْسِي

بِثَغْرٍ جَدِيدٍ

وَأَنْظُرُ حَوْلِي

بِطَرْفٍ جَدِيدٍ

كَأَنِّي وُلِدْتُ بِهذَا الْمَسَاءْ

* * *

بِعَيْنَيْكِ تَغْتَسِلُ الذِّكْرَيَاتُ

وَتَنْقَضُّ جُدْرَانُهَا فَوْقَ ما تَحْتَها

مِنْ كُنُوزٍ

تَنُوءُ مَفَاتِيحُهَا بِالفَناءِ

***

بِعَيْنَيْكِ أَصْبَحْتُ أُدْرِكُ أَنِّي بِهَذَا الوُجُودِ

وَإِنْ لَمْ أُمَيِّزْ حُدُودِي

وَأَعْرِفُ أَنَّهُمَا أَبَوايَ،

وَأَنِّيَ لَا شَأْنَ لِي بِالجُدُودِ

فَلَا تَرْفَعِيني إِلَى نَسَبٍ فَوْقَهُنَّ

فَما لِي إِلَى غَيْرِهِنَّ انْتِماءٌ

# بسمة الوهم

لَـمْ يَدْنُ عِشْـقِيَ مِـنْ سِنِّ الرِّوايَاتِ
حَتَّـى رَسَـمْتِ لَـه أَقْسَـى النِّهَايَـاتِ

مَا إِنْ جَلَسْتُ عَلَى عَرشِ الْهَوَى مَلِكاً
أُقَلِّبُ الطَّـرْفَ فِي رَوْضَـاتِ جَنَّاتِي

وَأَنْثُـرُ الْحُـبَّ فِـي الدُّنْيَـا فَتَبْسِـمُ لِي
وَالسَّـعْدُ يَشْـدُو عَلَى أَغْصَانِ أوْقاتِي

حَتَّـى عَصفْتِ أَعَاصِيـراً بِمَمْلَكَتِي
حَتَّى نَسَخْتِ أَحَادِيثِـي وَآيَـاتِي

مَــاذَا فَعَلْـتِ؟ لِمَــاذَا تَسْـكبينَ عَلَـى
أَسِـيرِ عِشْـقِكِ أَنْهَـارَ الجِرَاحَـاتِ؟

لَوْ كُنْتِ تَدْرِينَ مَا سَطَّرْتِهِ بِدَمِي
وَكَمْ بَلَغْتِ بِرُوحِي مِنْ مَقَامَاتِ

مَا كُنْتِ فَجَّرْتِ أَحْلَامِي بِقُنْبُلَةٍ
دَكَّتْ بِقَلْبِيَ آلَافَ الْعِمَارَاتِ

لَمْ يَبْقَ بَيْتٌ لِآمَالِي فَتَسْكُنَهُ
وَلاَ فَضَاءٌ لِأَعْلامِي وَرَايَاتِي

كَأَنَّ حُبَّكِ لاَ يَعْدُو سَنَا حُلُمٍ
غَضٍّ جَمِيلٍ تَنَامَى فِي خَيَالاَتِي

كَمْ عِشْتُ فِي الْوَهْمِ مُغْتَرّاً بِبَسْمَتِهِ
يُظِلُّنِي فِيهِ سَقْفٌ مِنْ عَمَايَاتِي

حَتَّى حَسَرْتِ قِنَاعاً كَانَ يَحْجُبُنِي
عَمَّا بِرَوْضِكِ مِنْ شَوْكِ الْخِيَانَاتِ

هَبَطْتِ مِنْ شُرُفاتِ الرُّوحِ، وَاخْتَنَقَتْ
تِلْـكَ الْقَدَاسَـةُ فِي غَــازَاتِ مَأْسَــاتِي

وَصِرْتِ نَفْساً سِـوَى نَفْسِي فوا عَجَباً
وَرُوحاً أُخْرَى، وَذَاتاً صِرْتِ لَا ذَاتِي!

تَمْشِينَ فِي الْأَرْضِ كَالنِّسْوانِ.. كَامْرَأَةٍ
بَسِـيطَةٍ لَمْ تَجُـبْ طُولَ السَّمَاواتِ!

مَــاذَا تَرُومِيـنَ؟ لَا تَبْغِي السَّمَاءَ فَمَا
أَبْقَـتْ مَكَانـاً لِتَزْوِيـرِ الْبِطَاقَـاتِ

لَـنْ أُبْحِرَ الْيَـوْمَ فِي بَحْـرٍ غَرِقْتُ بِهِ
بَلْ كَيْفَ أُبْحِرُ؟ قَدْ ضَاعَتْ شِرَاعَاتِي

لَا تَسْجُدِي لِي سُجُودَ السَّهْوِ؛ فَاتِـنَـتِي
مَا مَنْطِقُ الْجَبْـرِ إِلاَّ فِي الْعِـبَـادَاتِ

# سكة الانتظار

يَسِيرُ الوَقْتُ مُتَّئِدَ القِطارِ
ثَقِيلاً فَوْقَ سِكَّةِ الانْتِظارِ

وَتَشْتَعِلُ الدَّقائِقُ والثَّوانِي
حَرِيقاً فِي مَلاجِئ الاصطِبارِ

يُخَيَّل لِي سُطُوعُكِ كُلَّ حِينٍ
وَلـكِـنَّ الـدُّخَـانَ بِـغَـيْرِ نَـارِ

أُحَدِّقُ فِي الجِهاتِ، فَإنْ تَراءَى
إزارٌ لِـي حَسِـبْتُكِ فِي الإزارِ

وَأُصْغِي السَّمْعَ أَحسِبُ كُلَّ صَوْتٍ
تَرَانِيماً لِخَطوِكِ فِي جِوَارِي

أُحِسُّكِ مِنْ أَمَامِي، بَلْ وَرَائِي
أُحِسُّكِ عَنْ يَمِينِي، بَلْ يَسَارِي!

إِذَا مَرَّتْ جُنُودُ الوَهْمِ كَرَّتْ
فَقَلْبِي نَبْضُهُ تَحْتَ الحِصَارِ

وَحِينَ يَغِيضُ مَاءُ الحُلْمِ عَنِّي
وَتَرْسُو فَوْقَ شَاطِئِهِ الجَوَارِي

وَيُخْرِجُنِي مِنَ الآمَالِ يَأْسِي
إِلَى أُفُقِ التَّأَمُّلِ فِي الخَسَارِ

أَقُولُ لَعَلَّهَا لَمْ تَجْفُ طَوْعاً
وَلَمْ تَئِدِ اللِّقَاءَ عَنِ اخْتِيَارِ

فَرُبَّـتَـمَا تَـخُـوضُ إِلَـيِ يَـوْماً

وِصَــالاً فِـي سَفِينَةِ الِاعْتِـذَارِ

لَعَلَّ وُعُودَهَا احْتَرَقَتْ بِخَطْبٍ

أَثَـارَ النَّـارَ فِي وَرَقِ المَـزَارِ

فَقَدْ يَطْوِي أَبُـوهَا أَوْ أَخُـوهَا

خُطَـاهَا عِنْدَ مُبْتَدَإِ المَسَارِ

وَرُبَّـتَـمَا أَعَـدَّ لَـهَا سَقَامٌ

لِقَاءً بِالطَّبِيبِ عَنِ اضْطِرَارِ

وَرُبَّـتَـمَا تَكُونُ نَـأَتْ لِتَسْقِي

بِـمَاءِ الـوَدِّ أَوْرَاقَ البَـهَارِ

فَرُبَّ حَديقَـةٍ فِـي الحُـبِّ جَفَّـتْ
أَعَادَتْهَـا القَطيعَـةُ لاخْضرَارِ

وَرُبَّـتَـمَا أَلَـمَّ بِـهَا مَتَابٌ
فَأَبْعَدَهَا عَـنِ اللِّمَـمِ الصِّغارِ

وَرُبَّـتَـمَا تَـكُونُ قَدِ اشْرَأَبَّـتْ
مَشَـاعِرُهَا لِتَغْيِيـرِ المَجَـارِي

وَرُبَّـتَـمَا وَرُبَـتَّـمَا... فَكَمْ فِي
جُيُوبِ الغَيْبِ مِنْ حُجَجٍ كِبَارِ

فَبُـعْداً لِانْـتِـظَارٍ قَـدْ رَمَـانِي
بِقَارِعَـةِ الفُـؤَادِ المُسْتَطَارِ

سَمَاءٌ لَا تُـضَـاءُ؛ بِـلَا نُـجُوم
وَأَرْضٌ لَا تُطَاقُ؛ بِـلَا قَرارِ

# سبعون نظرة

وَفَاتِنَةٍ حَـوْرَاءَ أُزْمِـعُ وَصْلَهَا
بَصُرْتُ بِهَا يَوْماً تَسِيرُ عَلَى مَهَلْ

فَحَيَّيْتُهَا لَمَّا غَـدَوْتُ إِزَاءَهَـا
وَقُلْتُ لَهَا: اصْغِي لِي دَقِيقَةً أَوْ أَقَلْ

فَقَـالَتْ: سَبَـاكَ اللهُ خَـلِّ طَرِيقَنَا
فَلَسْتُ مِنَ اللَّائِي يُوَاصِلْنَ مَنْ وَصَلْ

فَقُلْتُ لَهَا: حُبَّيـكِ أَعْمَـى لَوَاحِظِي
فَلَسْتُ أَرَى إِلَّاكِ يَا جَنَّةَ الْمُقَلْ

وَقُلْتُ: فَدَتْكِ النَّفْسُ رِفْقاً بِشَـاعِرٍ
إِذَا لَـمْ تُنِيلِيهِ تَـرَدَّى أَوِ اخْتَبَـلْ!

فَقَالَتْ ـ وَقَدْ لَانَتْ ـ لِنَجْلِسْ بِمَعْزِلٍ
ونُصْغِ لِمَا يَهْذِي بِهِ صَاحِبُ الْحِيَلْ

وَلَـمَّـا تَـآلَـفْـنَـا، وَأَوْرَقَ عِشْقُنَا
وَمَاسَتْ بِنَا الدُّنْيَا عَلَى فَنَنِ الْغَزَلْ

أَشَـارَتْ بِـأَنَّ الْوَقْتَ حَـانَ انْطِفَاؤُهُ
وَأَنَّ نُجُومَ الْوَصْلِ شُدَّتْ إِلَى أَجَلْ

وَقَامَتْ فَقَامَ الْقَلْبُ يَجْرِي وَرَاءَهَا
عَلَى أَرْجُلِ الْأَشْوَاقِ وَالْوَجْدِ وَالْأَمَلْ

وَأَتْـبَـعْـتُـهَا تِسْعاً وَسِتِّـينَ نَظْرَةً
«وَوَاحِدَةً أُخْرَى وَكُنْتُ عَلَى عَجَلْ»

# جرف المجنون

تَذَكَّـرْتُ لَيْلَى وَالشُّـهُورَ الْخَوالِيَا

وَأَيَّـامَ كَانَ الدَّهْرُ كَالْعِشْـقِ زَاهِيَا

تَمُـرُّ خُطَـا الأَيَّـامِ كَالْبَـرْقِ بَيْنَنَا

فَمَـا نَحْسِـبُ السَّـاعَاتِ إِلاَّ ثَوَانِيَا

نَثَرْنَا عَلَـى الدُّنْيَـا وُرُودَ وِصَالِنَا

وَدَارَ بِنَـا كَأْسُ الْمَـوَدَّةِ صَافِيَا

سَـقَى اللهُ أَيَّامًـا رَعَيْنَـا بِرَوْضِهَا

قَطِيعَ الْهَوَى، وَالذِّئْبُ مَا زَالَ غَافِيَا

نُضِـيءُ مَصَابِيـحَ الغَـرَامِ بِوِدِّنَا

وَنَعْصِـرُ أَعْنَـابَ الْقُلْـوبِ تَنَاجِيَا

نُلَمْلِمُ شَمْلَ السَّعْدِ فِي كُلِّ مَجْلِسٍ

وَنَبْنِي مِنَ الْأَحْـلَامِ قَصْراً خُرَافِيَا

تَقَاسَـمَنَا هَـذَا الْغَـرَامُ، فَلَـمْ يَكُنْ

سِوَى قِسْمَةٍ ضِيزَى هَوَى سَهْمُهَا بِيَا

خَلَعْـتُ عَلَى قُدْسِ الْوَفَاءِ جَوَانِحِي

فَأَخْرَجْتِ لِي شَارُونَ غَدْرِكِ عَارِيَا

أَتَيْتُـكِ وَالْأَحْـلَامُ أَزْهَـارُ مُهْجَتِي

يُرَفْـرِفُ فِـي أُفْقِ الْأَمَانِـي خَيَالِيَا

وَأُبْتُ حَسِـيراً فَوْقَ شَوْكِ صَبَابَتِي

أَسِـيرُ عَلَـى أَقْـدَامِ قَلْبِـيَ حَافِيَا

لَقَـدْ فَرَّقَـتْ عَيْنَـاكِ بَيْنَهُمَـا دَمِي
فَمَـا أَبْقَتَـا مِنِّـيَ إلاَّ الْقَوَافِيَـا

تَوَغَّلْتُ فِي عَيْنَيْـكِ حَتَّى وَجَدْتُني
عَلَى جُـرُفِ الْمَجْنُونِ أَنْهَارُ هَاوِيَا

تَنَاسَخْتُ فِي الْمَجْنُونِ سَبْعِينَ مَرَّةً
فَمَـا أَنَـا إلاَّهُ وِإنْ ظُـنَّ فَانِيَـا

أَنَـا قِصَّةُ الْمَجْنُـونِ لَـوْ تَعْرِفِينَهَا
وَلَكِـنَّ «حَمَّـاداً» لَهَـا كَانَ رَاوِيَا

تُجَرِّدُنِي الْأَحْزَانُ مِنْ ثَوْب بَهْجَتِي
وَأَبْـدُو أَمَامَ النَّاسِ كَالنَّاسِ كَاسِيَا

وَأَهْـرُبُ مِنِّـي نَحْوَ عُمْـرٍ تَرَكْتُهُ

وَرَائِي، وَقَلْبِـي فِي ذِراعَيْهِ، ثَاوِيَا

تُطَارِدُنِـي ذِكْرَى هَواكِ لِتَسْرِقِي

صُوَاعَ الهَنَـا إِنْ زَارَ يَوْماً وِعَائِيَا

وَيَنْبُذُنِـي حُـوتُ الْغَرَام بِشَـاطِئٍ

يَلُـوحُ بِـهِ يَقْطِيـنُ وَصْلِكِ ذَاوِيَا

لَئِنْ صَاحَ نَاعِي الْبَيْنِ يَا ابْنَةَ عَامِرٍ

فَطَيْفُكِ فِـي عَيْنَيَّ مَا انْفَـكَّ طَافِيَا

وَإِنْ طَـوَتِ الْأَيَّـامُ مَـا كَانَ بَيْنَنَـا

فَذِكْرَاكِ لاَ أُلْفِي لَهَـا الدَّهْرَ طَاوِيَا

# في «المَكْتَبَهْ»


فِي المَكْتَبَهْ

حَاوَلْتُ إِطْفَاءَ اقْتِرابِكِ

حِينَ كُنْتُ عَلَى مَسَافَةِ نَظْرَتَيْنِ

مِنَ التَّرَدِّي وَسْطَ نَارٍ مُلْهَبَهْ

***

فِي «المَكْتَبَهْ»

حَاوَلْتُ أَنْ أَثْنِي عُيُونَكِ

عِنْدَ بَابِ جَوَانِحِي

لكِنَّهَا كَانَتْ عَلَى غَزْوِ القُلُوبِ مُدَرَّبَهْ

***

في «المَكْتَبَهْ»

حَاوَلْتُ أنْ أَبْقَى أَمَامَكِ هَادِئاً

عَبَثاً أُدَقِّقُ فِي الكِتَابِ

مُقَلِّباً صَفَحَاتِه

عَلِّي أَرَى أَثَرَ الحُرُوفِ

فَلَا أَرَى إلَّا السُّطُورَ المُجْدِبَهْ!

وَأَمُدُّ كَفِّي لِلْمِدَادِ؛ لَعَلَّ ذاكِرَتِي تَجُودُ

بِجُمْلةٍ مِمَّا حَفِظْتُ

فَلَا أَرَى فِيها سِواكِ لِأَكْتُبَهْ!

***

فِي «المَكْتَبَهْ»

لَمْ أَسْتَطِعْ إِلَّا تَأَمُّلَ

مَا تَحَلَّلَ

مِنْ عُيُونِكِ فِي دَمِي

في «المَكْتَبَهْ»

لَمْ أَسْتَطِعْ إِلَّا تَذَوُّقَ

مَا تَدَفَّقَ

مِنْ نَبِيذِ رُؤَى الوِصَالِ

عَلَى فَمِي

فِي «المَكْتَبَهْ»

لَمْ أَسْتَطِعْ إِلَّا سَمَاعَ هَدِيلِ صَمْتِكِ

مَالِئاً أَرْجاءَ رُوحِي

كَالخَيالِ المُبْهَمِ

فِي «المَكْتَبَهْ»

كَانَتْ جَمِيعُ جَوارِحِي

مِنْ ماءِ عِشْقِكِ مُشْرَبَهْ

***

في «المَكْتَبَهْ»

لَمْ يَسْتَطِعْ قَلْبِي الصُّمُودَ أَمَامَ حُسْنِكِ سَاعَةً

هُوَ في إِسَارِكَ..

قَدْ شَدَدْتِ وَثَاقَهُ، فَتَقَبَّلِي مِنْهُ الفِدَاءْ

أَوْ سَرِّحِي دَمَهُ هِبَهْ.

***

فِي «المَكْتَبَهْ»

ها قَدْ جَلَسْتُ عَلَى أَصَابِعِ حَيْرَتِي

أَرْنُو إِلَى الأَمَلِ المُعَلَّقِ فِي الغُيُوبِ

وَكُلَّمَا بَدَأَتْ رُؤَايَ تَشُمُّ عِطْرَ قَمِيصِهِ

هَبَّتْ رِياحُ الشَّكِّ

مِنْ كُلِّ الجِهَاتِ

فَحالُ طَقْسِ مَشَاعِرِي مُتَقَلِّبَهْ

***

هَلَّا أَزَحْتِ سُدُولَ صَمْتِكِ بَيْنَنَا

حَتَّى نُضِيفَ لِوَقْتِنَا

خَمْرَ التَّعَارُفِ

أَوْ نَشُقَّ طَرِيقَ رُوحَيْنَا

إِلَى قَمَرِ التَّآلُفِ

فَالخَوَاطِرِ مَا تَزَالُ تَجُوبُ كُثْبَانَ التَّغَرُّبِ

مُتْعَبَهْ.

***

فِي «الْمَكْتَبَةْ»:

هَلْ تَسْمَحِينَ بِأَنْ أُدُلَّ عَلَى ضِيائِكِ ضَائِعاً

ذَا مَقْرَبَهْ؟

هَلْ تُشْفِقِينَ فَتَرْفَعِينَ إِلَى سَمائِكِ تَائِهاً

ذَا مَتْرَبَهْ؟

هَلْ تُطْعِمِينَ – وَلَوْ بِفَاكِهَةِ الوُعُودِ – أَخَا هَوَى

ذَا مَسْغَبَهْ؟

جُودِي عَلَيَّ بِبَسْمَةٍ

أَوْ هَمْسَةٍ

أَوْ لَمْسَةٍ

أَوْ أَيِّ شَيْءٍ

فَالمَطامِحُ مَا تَزالُ بِقَدْرِ مَا يَثِبُ الشُّعُورُ مُؤَدَّبَهْ.

# كرة الهوى

دَخَلْتُ مَسَاءَ العِشْقِ في مَلْعَبِ الهَوَى
وَحُلْمِي عَلَى عُشْبِ الأَمَانِي يُهَرْوِلُ

وَكَانَتْ جَمَاهِيرُ الهَوَى تَسْتَفِزُّنِي
فَتَصْفِيقُهَا عَبْرَ القُرُونِ مُجَلْجِلُ

وَعِنْدَ انْطِلاقِ الشَّوطِ قُمْتُ مُهَاجِماً
وَقَلْبِي عَلَى حَسْمِ اللِّقَاءِ يُعَوِّلُ

وَمَا هِيَ إِلَّا جَوْلَةٌ فَإِذَا بِهِ
لَدَى حَارِسٍ مَرْمَاهُ ـ كَالضَّادِ ـ مُهْمَلُ

فَأَسْرَرْتُ في نَفْسِي، وَلَمْ أُبْدِهَا لَهُ:
مُحَمَّدُ إِنَّ الفَوْزَ بِالكَأْسِ أَسْهَلُ

وَحِينَ دَنَا التَّسْجِيلُ أَبْصَرْتُ رَايَةً
تُشِيرُ بِهَا الأَقْدَارُ يَا مُتَسَلِّلُ

# وحي العيون


لَا يُـورِقُ الوَقْتُ إِلَّا حِيـنَ لُقْيَـاكِ

وَلَا تُـشِّعُ الـرُّؤَى إِلَّا لِـذِكْـراكِ

أَبْهَـى الخَواطِرِ ما مِنْ أُفْقِكِ انْسَـكَبَتْ

وَأَجْمَـلُ الشِّـعْرِ مَـا أَوْحَتْـهُ عَيْنَـاكِ


فِي البَـدْءِ كانَ خَيالِي مِـنْ بُخارِهِما

فَـما طَـغَى مَـاؤُهُ إِلَّا بِـمَغْنَـاكِ


وَمَـا تَنَفَّسَ صُبْحُ الشِّـعْرِ فِي لُغَتِي

إِلَّا إِذا هَـزَّهُ إِشْـراقُ رَيَّـاكِ


غَرَسْـتِ لِي فِي بَسَاتِينِ الهَوَى شَجَراً

نَمَـا بِـهِ زَهْـرُ عِشْـقِي بَيْنَ أَشْـواكِ

لَمْ أَعْرِفِ الخَمْرَ؛ لَا غَوْلاً وَلَا سَـكراً

حَتَّى سَـرَتْ فِي مَدَى رُوحِي حُمَيَّاكِ

أَتَيْـتُ أَحْسِـبُ أَنَّ الحُـبَّ عِيـدُ هَوَى

يُضِـيءُ أَفْـراحَ هَـذا العَالَـمِ الباكِي

وَأَنَّ مَـنْ صَبغُـوا أَلْـوانَ بَهْجَـتِـهِ

بِـالـحُـزْنِ مـا بَـيْـنَ جُـهَّـالٍ وَنُـسَّـاكِ

وَحِينَ آنَسْـتُ فِي عَيْنَيْـكِ ضَوْءَ دَمِي

وَحِيـنَ أَلْفَيْـتُ نَفْسِـي بَيْـنَ قَـتْـلاكِ

أَدْرَكْـتُ أَنَّ مَـدارَ الحُـبَّ أَوْسَـعُ مِنْ

مَـدارِ حَدْسِـي وَإِحْساسِـي وَإِدْراكِي

فَكَـمْ سَـهِرْتُ اللَّيالِي، أَرْتَـدِي أَرَقِي

فِي رِيحِ شَـوْقٍ شَـدِيدِ العَصْفِ فَتَّاكِ

قَطَعْتِ ما اخْضَلَّ فِي أَغْصانِ ذاكِرَتِي
مِنَ النِّساءِ فَما أَبْقَيْتِ إِلَّاكِ

سَكَنْتِ قَلْبِيَ أَطْيافاً مُكَسَّرَةً
فَكُلُّ نَبْضٍ بِهِ تُدْمِي شَظايَاكِ

يَا جَنَّةً غَرَّبَتْنِي فِي الدُّنَا، وَأَنَا
لَمْ أَلْبِسَنْ حُبَّهَا يَوْماً بِإِشْراكِ

وَلَمْ أَطُفْ بِسِوَى عَيْنَيْكِ مُعْتَمِراً
وَمَا سَعَيْتُ إِلَى... إِلَّا مُحَيَّاكِ

وَمَا اتَّخَذْتُ لِقَلْبِي قِبْلَةً أَبَداً
وَلَّى إِلَيْهَا هَواهُ مُذْ تَوَلَّاكِ

عَلَامَ أَطْفَأْتِ شَمْسَ الوَصْلِ بَازِغَةً؟
وَفِيمَ أَحْرَقْتِ سُفْنِي فَوْقَ مَرْسَاكِ؟

لَـمْ تَرْقُبِـي فِـيَّ: لَا إِلَّا، وَلَا ذِمَمـاً
وَمـا رَعَيْـتِ الهَوَى الـذَّاوِي بِمَغْناكِ

تَرَكْـتِ زَنْـدَ غَـدِي يَغْـدُو بِغَيْـرِ يَدٍ
وَوَجْـهَ أَمْسِـي غَرِيباً فِي مَرايـاكِ

وَمـا يَـزالُ فُـؤادِي غَيْـرَ ذِي أُفُـقٍ
كَأَنَّ ذِكْـراكِ شَـدَّتْنِي بِأَشْـراكِ

لَا أَشْتَكِي مِنْ جِراحِي فَهْيَ مَنْ عَصَرَتْ
خُمُـورَ دُنْيـايَ مِـنْ أَعْنابِ دُنْيـاكِ

لَـوْلاكِ لَـمْ تُزْهِـرِ الأَيَّـامُ فِي شَـفَتِي
وَمـا اكْتَشَـفْتُ سَماءَ الـرُّوحِ لَـوْلاكِ

# لبحر عينيك

لِبَحْرِ عَيْنَيْكِ أَنْتَمِي أَبَداً
فَمَوْجُ رُوحِي بِمَوْجِهِ وُلِدَا

مِنْ مَدِّهِ يَبْدَأُ امْتِدَادُ دَمِي
وَنَبْضُ قَلْبِي بِجَزْرِهِ اتَّحَدَا

صَنَعْتُ مِنْ صَوْتِ صَمْتِهِ لُغَتِي
فَرَفْرَفَ الشِّعْرُ نَوْرَساً غَرِدَا

أَحْرَقْتُ لَمَّا رَأَيْتُهُ سُفُنِي
وَقُلْتُ: يَا شَطُّ: لَنْ أَعُودَ غَدَا

أَدْرِي بِأَنِّي عَلَى شَفَا غَرَقٍ
وَأَنَّ لِي فِي عُبابِهِ رَصَدَا

وَأَنَّ مَـنْ حَـاوَلَ النَّجاةَ بِـهِ
يَهْـوِي إِلـى القَعْـرِ كُلَّمـا صَعِدَا

لَكِنَّمـا المَـوْتُ وَسْـطَ لُجَّتِهِ
أَحْلَـى مِـنَ العَيْـشِ عَنْـهُ مُبْتَعِدَا

عَيْنَـاكَ وَالبَحْـرُ قِصَّـةٌ نَسَجَتْ
مَـاءَ الحِكَايَـاتِ، وَارْتَدَتْـهُ نَـدَى

يُقَـالُ: فِـي البَـدْءِ كانَ ماؤُهُما
رَتْقـاً، فَلَمَّـا تَخاصَما انْفَـرَدَا

وَقِيـلَ فِـي البَحْـرِ: دَمْعَـةٌ هَرَبَتْ
مِـنَ الخُـدُودِ، فَأَنْشَـأَتْ بَلَـدَا

وَكُلَّما هاجَ ذِكْـرُ مَوْطِنِها
تَدَفَّـقَ الشَّـوْقُ فِـي المَدَى لُبَـدَا

فَكَوَّنَتْ مِـنْ أَمْـوَاجِ أَنَّتِـهَا
بَحْـراً، وَصَارَتْ دُمُوعُهَا مَدَدَا

وَقِـيـلَ: كَـانا كَتَوْأَمَيْـنِ مَعاً
يُقَـدِّسَـانِ الجَمـالَ مُـذْ وُجِـدَا

وَظَلَّـتْ العَيْـنُ فِـي السَّـكِينَةِ لَـمْ
تَخْلَـعْ مِـنَ الحُسْـنِ وَالجَمـالِ يَدَا

وَالبَحْرُ أَبْدَى العِصْيَانَ، فَاضْطَرَبَتْ
أَمْواجُـهُ؛ حَيْـثُ عاشَ مُرْتَعِـدَا

مَا المَوْجُ إِلَّا صَدَى تَنَهُّدِهِ

وَالمِلْحُ مِنْ دَمْعِهِ الَّذِي جَمَدَا

وَعُمْقُهُ عُمْقُ حُزْنِهِ حَفَرَتْ

فِيهِ المَآسِي طَرائِقاً قِدَدَا

وَمَا اصْطِخابُ الأَمْواجِ غَيْرَ رُؤى

حُلْمٍ فَظِيعٍ يَغْشاهُ إِنْ رَقَدَا

وَالـدُّرُّ ذِكْـرَى طُيوفُها عَلِقَتْ

بِذِهْنِهِ، وَهْوَ بَعْدُ مَا طُرِدَا

وَحِينَ أَلْفَى آمَالَهُ سَقَطَتْ

وَلَـمْ يَجِدْ لِلْخَـلاصِ مُلْتَحَدَا

الـعَيْنَ أَغْــرَى بِــأَنَّ نَظْرَتَها
سَبِيلُها أَنْ تُـعَـانِـقَ الـخُـلُـدَا

فَسَدَّدَتْـها نَـحْـوَ الـقُـلُـوبِ فَمَا
أَنْجى الـرَّدَى مِنْ سِهامِها أَحَدَا

وَهَـكَـذَا كَـــانَ سَـهْـمُ نَظْـرَتِـهَا
أَفْـتَـكَ شَيْـطَانِ فِتْـنَةٍ مَـرَدَا

عَيْنــاكِ وَالـبَحْـرُ فِـي عُبَابِهمَا
تَقَاذَفَتْ بِي الـرُّؤى فَكُنْتُ صَدَى

سَـيَمْكُثُ الشِّـعْرُ بَعْدَ فُرْقَتِنَا
فِـي الأَرْضِ مَـاءً وَنَنْتَهِي زَبَـدَا

# الفهرس